Petit monde vivant

Les mammifères marins

Bobbie Kalman et Jacqueline Langille

Traduction : Paul Rivard

Les mammifères marins est la traduction de *What is a Marine Mammal?* de Bobbie Kalman et Jacqueline Langille (ISBN 0-86505-954-3).
© 2000, Crabtree Publishing Company, 612 Welland Ave., St. Catharines, Ontario, Canada L2M 5V6

Catalogage avant publication de la Bibliothèque nationale du Canada

Kalman, Bobbie, 1947-

Les mammifères marins

(Petit monde vivant)
Traduction de: What is a Marine Mammal?.
Comprend un index.
Pour enfants de 6 à 10 ans.
ISBN 2-920660-97-7

1. Mammifères marins - Ouvrages pour la jeunesse. I. Langille, Jacqueline,
1966- . II. Titre. III. Collection: Kalman, Bobbie, 1947- . Petit monde vivant.

QL.13.2K3414 2003   j599.5   C2003-940149-9

Nous reconnaissons l'aide financière du gouvernement
du Canada par l'entremise du Programme d'aide au
développement de l'industrie de l'édition (PADIÉ)
pour nos activités d'édition.

Conseil des Arts   Canada Council
du Canada   for the Arts

Éditions Banjo remercie
le Conseil des Arts du Canada du soutien
accordé à son programme d'édition dans
le cadre du programme des subventions
globales aux éditeurs.

Cet ouvrage a été publié
avec le soutien de la SODEC.

Gouvernement du Québec – Programme de crédit
d'impôt pour l'édition de livres – Gestion SODEC.

Dépôt légal – Bibliothèque nationale du Québec, 2003
Bibliothèque nationale du Canada, 2003
ISBN 2-920660-**97**-7

Les mammifères marins
© Éditions Banjo, 2003
233, av. Dunbar, bureau 300
Mont-Royal (Québec)
Canada H3P 2H4
Téléphone : (514) 738-9818 / 1-888-738-9818
Télécopieur : (514) 738-5838 / 1-888-273-5247

Imprimé au Canada

Table des matières

Qu'est-ce qu'un mammifère marin ?

Un mammifère est un animal qui boit le lait de sa mère lorsqu'il est petit. Tous les mammifères sont des animaux à sang chaud, c'est-à-dire que la température de leur corps est toujours la même, qu'il fasse chaud ou froid. La plupart des mammifères sont couverts de poils ou de fourrure. Il existe sur terre environ 4600 espèces de mammifères.

dugong

Les mammifères marins sont des mammifères qui se sont adaptés à la vie en eau salée. Ils passent la plus grande partie de leur temps dans l'océan, dont ils dépendent pour leur nourriture. Il existe 140 espèces de mammifères marins, parmi lesquels les baleines, les phoques, les morses, les otaries, les loutres de mer, les lamantins, les dugongs et les ours polaires.

Les lamantins et les dugongs forment le groupe des siréniens. Tous les siréniens vivent en eau salée, à l'exception d'une espèce de lamantin qui vit dans des fleuves.

cétacé à fanons

cétacé à dents

baleine à bosse ou rorqual à bosse

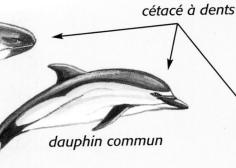

marsouin commun

dauphin commun

Les baleines, les dauphins et les marsouins sont des cétacés. Les cétacés passent leur vie entière dans l'eau. On distingue deux groupes de cétacés : les cétacés à dents et les cétacés à fanons.

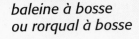

baleine à bec

La terre et la mer

Certains mammifères marins ne passent pas tout leur temps dans l'océan. Les phoques, les otaries et les morses sortent souvent de l'eau pour se reposer sur la terre ferme. Les ours polaires arpentent la banquise en hiver et vivent sur les rives en été. Les loutres de mer restent sur la terre ferme pendant les tempêtes. Bien qu'ils passent un certain temps hors de l'eau, ces animaux appartiennent au groupe des mammifères marins, car ils dépendent de la mer pour se nourrir.

otarie

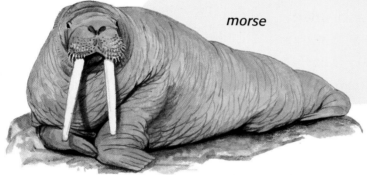

morse

Les phoques, les otaries, et les morses appartiennent à un groupe de mammifères marins appelés **pinnipèdes**. Les membres de ce groupe ont des nageoires aplaties en guise de pattes.

La loutre de mer appartient au groupe des **mustélidés**, dont font aussi partie les mouffettes et les belettes. Elle est le seul mustélidé à faire partie des mammifères marins.

loutre de mer

ours polaire

Comme les autres mammifères marins, l'ours polaire dépend de l'océan pour se nourrir. Il passe une grande partie de son temps dans les eaux froides. Son épaisse couche de graisse et sa fourrure lui permettent de conserver sa chaleur.

La vie dans l'océan

Les scientifiques pensent que les mammifères marins sont des animaux qui vivaient jadis sur la terre ferme et qui **ont évolué**. Il y a longtemps, certains animaux terrestres ont commencé à chasser dans les océans ou leurs alentours, passant de moins en moins de temps sur la terre ferme. Ils ont appris à plonger, à chasser et à nager pour survivre. C'est au long de millions d'années que leur corps s'est adapté à la vie **aquatique**.

Le corps d'un mammifère marin est fuselé et lisse, ce qui lui permet de se déplacer aisément dans l'eau. Certains mammifères marins ont des membres en forme de pagaie, dont ils se servent pour se déplacer dans l'eau. D'autres n'utilisent que leur queue. Tous les mammifères marins sont dotés de muscles puissants pour pouvoir nager; ce sont des nageurs inégalables !

Une bouffée d'air frais

Les mammifères marins nagent, mangent et dorment dans l'océan, mais ils sont incapables de respirer sous l'eau. Les mammifères respirent par les **poumons**. Les poumons sont des organes internes qui absorbent et rejettent l'air. Même les mammifères marins comme les cétacés, les lamantins et les dugongs, qui passent tout leur temps dans l'eau, doivent remonter à la surface pour respirer. Les mammifères marins plongent sous l'eau pour chercher leur nourriture ou échapper à leurs ennemis. Avant de plonger, ils ferment leurs narines pour empêcher l'eau d'y pénétrer.

Les dauphins ont un évent sur le dessus de la tête, qui leur permet de respirer.

Rester au chaud

Les mammifères marins ont besoin de maintenir la chaleur de leur corps dans leur habitat, ou milieu de vie, au climat froid. La plupart ont sous la peau une épaisse couche de graisse appelée blanc de baleine, qui les **isole** du froid. Certains ont également un manteau de fourrure composé de deux sortes de poils qui gardent le corps au chaud : un épais duvet qui emprisonne l'air chaud près du corps de l'animal et une **couche protectrice de jars** qui empêche l'eau d'atteindre la **couche de duvet** lorsque l'animal plonge.

Des sens marins

La plupart des animaux ont recours à cinq sens pour connaître leur milieu environnant : l'ouïe, la vue, l'odorat, le goût et le toucher. Les mammifères marins utilisent surtout leurs sens de la vue, du toucher et de l'ouïe, car vivre dans l'eau ne requiert pas un odorat ou un goût très développé.

De bonnes vibrations

Les déplacements font vibrer l'eau, c'est-à-dire qu'ils lui impriment un rapide mouvement de va-et-vient. Les mammifères marins ont une peau sensible qui leur permet de percevoir les vibrations de l'eau. L'animal, lorsqu'il perçoit des vibrations, sait qu'une proie ou un ennemi se déplace non loin.

Écholocation

Certains cétacés ont recours à l'écholocation pour collecter des informations sur leur environnement. Ils émettent sous l'eau des sons semblables à des claquements ou à des sifflements, qui produisent des vibrations. Ces vibrations se heurtent aux objets qui se trouvent à proximité et rebondissent vers les cétacés sous forme d'écho. Grâce à l'écho, les cétacés peuvent connaître la taille des objets et la distance à laquelle ils se trouvent.

Les pinnipèdes qui passent un certain temps en groupe sur la terre ferme peuvent être très bruyants. Certains mâles poussent des cris pour effrayer les autres mâles.

Les dauphins n'ont pas de cordes vocales. Ils n'ouvrent pas la gueule pour produire des sons. Les sons qu'ils produisent, lorsqu'ils ont recours à l'écholocation, sont émis par des **sacs nasaux** *qu'ils ont dans la tête.*

Quel vacarme !

De nombreux mammifères marins émettent des bruits pour communiquer ou s'envoyer des messages les uns aux autres. Les baleines et les dauphins produisent des sons qui parcourent sous l'eau plusieurs kilomètres. Sur la terre ferme, certaines espèces se servent des sons pour reconnaître les membres de leur groupe. Chez les otaries, une mère peut reconnaître son petit parmi des centaines d'autres simplement à la façon qu'il a de crier.

De grandes moustaches

Le sens du toucher est important chez les mammifères marins qui chassent de nuit ou en eau profonde, là où il y a peu de lumière. Les mammifères marins ont, autour de la gueule, de longs poils appelés *vibrisses*, qui leur permettent de percevoir les vibrations et les objets dans l'eau.

Vois-tu ce que je vois ?

La vue d'un mammifère marin dépend souvent de l'endroit où il vit. Les lamantins, qui ont de petits yeux, vivent dans les eaux peu profondes des régions côtières. Les plantes qu'ils mangent poussent près de la surface de l'eau et sont faciles à voir. Les éléphants de mer ont toutefois une vue perçante qui leur permet de trouver leur nourriture dans les profondeurs de l'océan.

L'otarie de Steller se sert des poils de sa « moustache » pour percevoir les vibrations produites par les déplacements des poissons — son menu préféré !

Les phoques plongent en eau profonde pour trouver leur nourriture sur le fond océanique. Grâce à leur vue perçante, ils trouvent de quoi se nourrir dans les zones les plus profondes et les plus obscures de leur habitat.

Une vie de famille

Les mammifères marins doivent **s'accoupler** pour se reproduire. Le bébé se développe dans le corps de la femelle. Les petits des mammifères ne sortent pas d'un œuf et naissent complètement formés. La plupart des mammifères marins ne donnent naissance qu'à un seul petit à la fois, car il est difficile de prendre soin de deux bébés en même temps. Chez la plupart des espèces, la mère nourrit et protège sa progéniture sans l'assistance du père.

Chez les lamantins (ci-dessous) et chez les dugongs, les femelles ont leurs tétines sous les nageoires et non pas sur le ventre ou la poitrine, comme la plupart des mammifères.

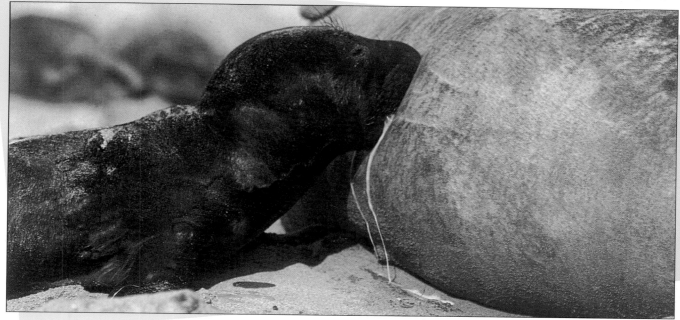

▲ *De nombreuses mères allaitent leur bébé pendant plus de six mois. Ce jeune éléphant de mer laisse s'échapper un peu du lait de sa mère.*

Du lait pour le bébé

Les mammifères allaitent leurs bébés. Le lait est produit par les **glandes mammaires** de la femelle et sort par les mamelles ou les tétines. Le bébé tète à travers une fente dans le ventre de sa mère. Le lait des mammifères marins est riche en matières grasses et en vitamines dont les bébés ont besoin pour se développer.

Des mères attentionnées

La plupart des mammifères marins sont actifs peu après leur naissance. Leur mère les protège des prédateurs et leur apprend à nager et à chasser. De nombreux phoques, toutefois, n'enseignent rien à leurs bébés et ces derniers doivent apprendre à se débrouiller tout seuls.

Une loutre de mer berce son petit sur sa poitrine, afin de le garder au chaud et au sec.

Un festin de fruits de mer

Tous les animaux ont besoin de nourriture pour avoir de l'**énergie**. Vivre en milieu aquatique exige beaucoup d'énergie pour nager et conserver sa chaleur. Les mammifères marins doivent donc absorber de grandes quantités de nourriture, qu'ils trouvent dans l'océan et ses alentours. Certains sont carnivores (ils mangent de la viande). D'autres sont herbivores (ils se nourrissent principalement de plantes). Certains animaux marins adaptent leur régime alimentaire aux circonstances : s'ils ne trouvent pas leur nourriture favorite, ils s'accommodent de toute autre nourriture disponible.

La plupart des mammifères marins sont des prédateurs — ils chassent et mangent d'autres animaux. Nombre d'entre eux se nourrissent de **krill** et autres **crustacés** comme les crevettes et les crabes. Les mammifères marins mangent aussi des **mollusques** tels que les calmars, les palourdes, les limaces de mer, les oursins et les étoiles de mer. Les phoques, les dauphins, les baleines et les otaries mangent du poisson.

Les éléphants de mer et les phoques chassent les manchots. Ils s'en saisissent aisément en nageant rapidement au-dessous d'eux. Mais sur terre, les manchots n'ont rien à craindre de ces prédateurs qui se déplacent trop lentement pour les attraper.

Absorber de l'eau

Tous les animaux ont besoin d'une petite quantité de sel pour que leur corps fonctionne comme il faut. La plupart des animaux terrestres absorbent du sel en quantité suffisante dans leur nourriture. S'ils boivent de l'eau salée, ils tombent malades. Les mammifères marins avalent de l'eau salée avec leur nourriture, mais cela ne les rend pas malades. Leur corps s'est adapté au fait de se nourrir dans l'océan.

Emmagasiner de la nourriture

Lorsque les animaux se nourrissent, ils emmagasinent, sous forme de graisse, une partie de l'énergie qu'ils tirent de leur nourriture. Le corps de l'animal brûlera cette graisse plus tard, quand il aura besoin d'énergie. Chez de nombreux mammifères marins, la graisse accumulée représente également une réserve d'eau. Si leur corps a besoin d'humidité, il brûle la graisse pour en extraire l'eau.

Les lamantins (ci-dessus) et les dugongs sont les seuls mammifères marins herbivores. Ils mangent des plantes comme la zostère. Les plantes fournissent moins de nutriments que la viande; aussi les siréniens doivent-ils absorber de grandes quantités de nourriture pour avoir suffisamment d'énergie pour survivre. Certains d'entre eux dévorent jusqu'à 45 kilos de nourriture par jour !

Les cétacés à fanons

Les cétacés à fanons sont les plus grands animaux des océans. L'un d'eux, la baleine bleue, pourrait bien être le plus grand animal qui ait jamais vécu sur terre — elle serait même plus grande qu'un dinosaure ! Les cétacés à fanons passent leurs étés aux environs du pôle Nord, là où le krill est abondant. Après s'en être nourris pendant des mois, leur couche de graisse, appelée *blanc de baleine*, est devenue très épaisse. Ils **migrent** alors vers des océans plus chauds pour s'y accoupler. De nombreux cétacés ne s'alimentent plus dès qu'ils se trouvent en territoire de reproduction. Ils vivent de leurs réserves de graisse jusqu'à l'accouplement, puis retournent vers leurs territoires d'alimentation.

baleine franche

Les cétacés, comme ce rorqual à bosse, sautent souvent hors de l'eau : ils s'élancent en l'air et retombent sur le dos ou sur le côté, provoquant un énorme éclaboussement !

rorqual bleu ou baleine bleue

Se nourrir au moyen d'un filtre

Les cétacés à fanons n'ont pas de dents et ne peuvent donc ni saisir ni mâcher leur nourriture. Au lieu de cela, ils filtrent leur nourriture à travers leurs fanons. Les fanons sont constitués de longues lames de **kératine** — la même matière dure dont sont faits les ongles. Les lames pendent dans la gueule du cétacé, comme les crins d'un balai. Pour s'alimenter, le cétacé ouvre largement la gueule pour y laisser pénétrer l'eau qui contient sa nourriture. Puis il recrache l'eau avec sa langue en retenant dans ses fanons les poissons, le krill et d'autres animaux minuscules. Il peut ensuite avaler son repas.

krill

*Les rorquals à bosse s'alimentent souvent en groupe. Ils émettent un **chant de ravitaillement** qui étourdit les poissons et les empêche de nager. Une fois les poissons étourdis, les rorquals à bosse remontent brusquement et... n'en font qu'une bouchée !*

Les cétacés à dents

Les cétacés à dents constituent le groupe de mammifères marins le plus important. Il existe 66 espèces de cétacés à dents, parmi lesquels on compte les cachalots, les dauphins, les marsouins, les narvals et les bélougas. Certains de ces mammifères marins n'ont que deux dents, tandis que d'autres en ont pas moins de 70.

La plupart des cétacés à dents sont des animaux grégaires, c'est-à-dire qu'ils vivent en groupe. On appelle *banc* un groupe de cétacés qui passent la plus grande partie de leur temps ensemble. Un banc peut se réduire à une seule famille avec quelques cousins ou s'étendre à plusieurs centaines d'individus.

Les épaulards ont un corps massif et ont besoin de beaucoup d'énergie pour nager. Ils doivent beaucoup manger pour survivre.

De grands appétits

Les épaulards appartiennent à la famille des dauphins. On les appelle aussi les « baleines tueuses », car ce sont de grands chasseurs. Il en existe de deux types : les nomades et les sédentaires. Les épaulards nomades voyagent d'un endroit à l'autre en chassant pour se nourrir. Ils mangent surtout des animaux marins comme les marsouins, les otaries et les phoques. Les épaulards sédentaires vivent en petits groupes au même endroit et mangent principalement des poissons comme les sardines, les saumons et les thons.

Comment les cétacés dorment-ils ?

Pour dormir dans l'eau, certains cétacés se laissent flotter à la surface, en gardant le sommet de la tête hors de l'eau de manière à pouvoir respirer par leur évent. On appelle *flottaison* cette façon de se reposer. D'autres cétacés se reposent sous l'eau et remontent à la surface toutes les quelques minutes pour respirer.

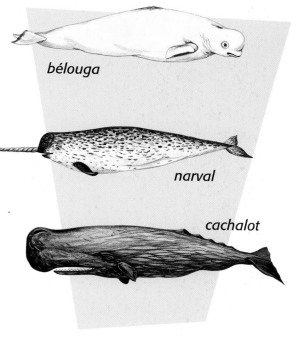

bélouga

narval

cachalot

Les bélougas et les narvals sont étroitement apparentés. Le cachalot est le plus grand des cétacés à dents.

Les pinnipèdes

Il existe plus de 30 espèces de pinnipèdes qui se répartissent en trois groupes : les pinnipèdes rampants, les pinnipèdes marcheurs et le morse, lequel constitue un groupe à lui seul. Ils sont tous d'excellents nageurs puisqu'ils ont des nageoires à la place des pattes. Le mot *pinnipède* signifie « pied en forme de nageoire ».

Au bord de la mer

Contrairement aux cétacés, les pinnipèdes sortent souvent de l'eau. Ils quittent l'eau pour se reposer, s'accoupler, mettre bas et muer, c'est-à-dire perdre leur vieille fourrure. Sur la terre ferme, la plupart des pinnipèdes passent leur temps ensemble, et forment des groupes importants. Les membres d'un même groupe reviennent habituellement sur la même plage d'année en année.

Des noms particuliers

Chez certaines espèces de pinnipèdes, le mâle adulte a un *harem*, c'est-à-dire de nombreuses compagnes. On évalue l'âge d'un bébé phoque à la couleur de son pelage. S'il est blanc-jaune, il a moins de douze jours et c'est un *blanchon*. Entre douze et vingt-cinq jours, il est gris-blanc tacheté de gris : c'est un *guenillon*. À moins de quatre ans, il est gris perle tacheté de noir, et c'est un *brasseur*.

Les phoques du Groenland sont des pinnipèdes rampants. On les nomme aussi « phoques à selle » en raison de la forme qu'a la tache sur leur dos.

L'otarie de Steller appartient au groupe des pinnipèdes marcheurs.

Le morse a les caractéristiques d'un pinnipède rampant et d'un pinnipède marcheur. Il forme donc un groupe à part.

Les pinnipèdes rampants ou phocidés

Parmi les pinnipèdes, ceux qui rampent représentent le groupe le plus nombreux. Pour se déplacer sur la terre ferme, ils se traînent au moyen de leurs nageoires antérieures en se tortillant sur le sol. Dans l'eau, toutefois, les pinnipèdes rampants sont des nageurs agiles et rapides. Ils se déplacent en remuant leurs nageoires postérieures de gauche à droite. On dit souvent que les pinnipèdes rampants n'ont pas d'oreilles, car ils n'ont pas de pavillons auriculaires. Ils ont toutefois un trou à l'extrémité de chacun de leurs conduits auditifs.

Cet éléphant de mer a la gueule pleine de varech, mais il ne mange pas de plantes. Il se nourrit principalement de poisson.

Les éléphants de mer se servent de leurs nageoires pour se jeter du sable sur le dos. Le sable les aide à conserver la fraîcheur de leur corps et à empêcher que leur peau ne soit brûlée par le soleil.

Les pinnipèdes marcheurs ou otariidés

▲ *Cette otarie de Californie bondit hors de l'eau.*

Les pinnipèdes marcheurs ont un cou plus long et plus souple que les pinnipèdes rampants. ▶

Les otaries à fourrure et les lions de mer sont des pinnipèdes marcheurs. Sur la terre ferme, ils tournent leurs nageoires postérieures vers l'avant et marchent à quatre pattes. Dans l'eau, ils se servent de leurs nageoires antérieures pour nager. Contrairement aux pinnipèdes rampants, les pinnipèdes marcheurs ont de petites oreilles.

Des lions de la mer

Les lions de mer tirent leur nom du fait que certains mâles de cette espèce ont, autour du cou, une épaisse crinière de poils qui ressemble à celle du lion.

Les morses

Le morse est l'une des espèces les plus imposantes de la famille des pinnipèdes. Il a à la fois des caractéristiques des pinnipèdes marcheurs et des caractéristiques des pinnipèdes rampants. Comme les pinnipèdes rampants, les morses ont des trous auditifs à la place des pavillons auriculaires. Sur la terre ferme, ils peuvent tourner leurs nageoires postérieures vers l'avant et marcher à quatre pattes, comme les pinnipèdes marcheurs. Les morses se hissent sur la terre ferme où ils passent le plus clair de leur temps à dormir.

Les morses mâles et femelles ont deux longues dents robustes qui poussent tout au long de leur vie, dents que l'on appelle des *défenses*. Le mâle qui possède les plus longues défenses est le meneur du troupeau. Les morses se servent de leurs défenses pour se protéger des prédateurs ou pour s'agripper. C'est en plantant leurs défenses dans la banquise qu'ils se hissent hors de l'eau. Les mâles se servent aussi de leurs défenses pour combattre contre les autres mâles pendant la saison des amours.

On appelle colonie un groupe important de morses. Une seule colonie peut comprendre des milliers de morses. Ceux-ci sont paisibles, à moins d'être attaqués. La colonie entière viendra à la rescousse de l'un de ses membres s'il est en danger.

Les loutres de mer

Les loutres de mer vivent uniquement le long des côtes septentrionales de l'océan Pacifique. Elles restent près du rivage où l'eau est peu profonde et où elles peuvent aisément plonger jusqu'au fond pour trouver leur nourriture. Le varech qui tapisse le fond de l'océan les protège. Lorsqu'elles se reposent, les loutres s'enroulent dedans pour ne pas être entraînées au large. Le varech leur sert également à échapper aux regards de prédateurs comme les épaulards.

Des mammifères ayant peu de gras

Les loutres de mer sont les seuls mammifères marins à ne pas avoir cette couche de graisse appelée *blanc de baleine*. À la place, elles ont une épaisse fourrure qui les tient au chaud. La couche inférieure de leur fourrure est comme une chaude couverture. Les longs poils de la couche protectrice de jars empêchent l'eau d'atteindre la couche de duvet et la peau. Les loutres de mer nettoient constamment leur fourrure. Lorsque celle-ci se salit, les poils se collent en formant des touffes, ce qui rend la couche de duvet et la peau perméables à l'humidité et au froid.

Les loutres de mer doivent manger constamment, seul moyen d'avoir suffisamment d'énergie pour conserver leur chaleur dans les eaux froides. Elles passent la plus grande part de leur temps à se reposer pour économiser leur énergie. Les oreilles, les yeux, le nez, les pattes et les nageoires de la loutre de mer ne sont pas recouverts de fourrure protectrice; aussi la loutre évite-t-elle le contact de ces parties de son corps avec l'eau froide en les maintenant en l'air.

La loutre de mer est l'un des rares animaux à se servir d'outils. Elle utilise des pierres pour déloger les coquillages des rochers au fond de l'océan. Pour ouvrir les coquillages, elle tient un galet contre son estomac et y cogne le coquillage jusqu'à ce qu'il se casse.

Les siréniens

Le groupe des siréniens se compose d'une espèce unique de dugong et de trois espèces de lamantins. Les siréniens ont un gros et grand corps, deux membres antérieurs en forme de pagaie et une queue épaisse et plate. Ils n'ont pas de membres postérieurs. Bien qu'ils aient une couche de graisse sous la peau, les lamantins et les dugongs n'ont pas besoin de garder leur chaleur, car ils ne vivent que dans les eaux chaudes. Leur couche de graisse est une source de nourriture qui leur permet de survivre lorsque les plantes se font trop rares dans leur habitat.

Les lamantins ont quatre rangées de dents plates appelées *molaires*. La zostère et les autres plantes qui constituent le régime du lamantin contiennent des particules de sable et de la **silice**. À force de mastiquer ces substances dures, les dents de l'animal finissent par s'user. À mesure qu'elles s'usent, elles se déplacent lentement vers l'avant de la mâchoire et finissent par tomber. De nouvelles dents remplacent alors les anciennes. Les dents du lamantin sont remplacées plusieurs fois au cours de sa vie.

Des êtres lents

Les siréniens paissent en se déplaçant lentement à mesure qu'ils mangent les plantes, à la manière des vaches. C'est pourquoi on les appelle aussi« vaches marines ». Ils se servent de leur queue plate pour nager. Ils se déplacent cependant trop lentement pour s'écarter à temps des embarcations à moteur. Les hélices leur infligent de profondes blessures ou les tuent. En Floride, des panneaux avertissent les canotiers de faire attention, mais de nombreux lamantins sont encore blessés.

Lamantin ou dugong ?

Lamantin :
- Queue arrondie
- Corps dodu
- Peau rugueuse
- Pas de défenses

Dugong :
- Profonde entaille dans la queue
- Corps fuselé
- Peau lisse
- Défenses chez le mâle

As-tu deviné que l'animal de la photo de gauche est un dugong, et celui de la photo ci-dessous, un lamantin ?

Les ours polaires

Les ours polaires sont les membres les plus imposants de la famille des ours; ils sont les seuls à vivre dans l'Arctique. Ils sont bien adaptés à la chasse dans leur habitat glacial. Pour capturer un phoque, l'ours polaire attend à côté d'un trou dans la glace. Lorsque le phoque sort la tête de l'eau pour respirer, l'ours se saisit de lui.

Une épaisse fourrure blanche

La fourrure de l'ours polaire est constituée de poils creux. Chaque poil conduit la chaleur du soleil jusqu'à la peau de l'animal. Le nez de l'ours polaire est noir, comme le reste de son corps. Sa peau noire lui permet d'absorber la chaleur et de le tenir au chaud.

Les ours polaires sont de puissants nageurs. Lorsqu'ils sortent de l'eau, ils se secouent et se frottent sur la neige pour se sécher.

Des pattes formidables

Les pattes de l'ours polaire sont idéales pour nager et se déplacer sur la glace. Ses larges pieds et ses orteils palmés l'aident à nager, et le long poil qui pousse entre les coussinets lui permet de garder ses pieds au chaud. Il a sous la plante des pieds des petites bosses et des petits creux semblables à des ventouses qui adhèrent à la glace et rendent facile la marche sur cette surface glissante.

Comme de nombreux jeunes animaux, les oursons polaires jouent souvent à se mordiller entre eux et à se rouler dans la neige.

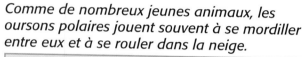

L'élevage des petits

Chez les ours polaires, la femelle donne en général naissance à des jumeaux. Les nouveau-nés ont besoin de leur mère pour se nourrir et se réchauffer : celle-ci les allaite toutes les quelques heures. Les oursons n'ouvriront les yeux que plusieurs semaines après leur naissance; aussi doivent-ils s'en remettre à leur mère pour les protéger. Les oursons restent sur la terre ferme pendant plusieurs semaines dans une tanière creusée sous la neige, comme le montre l'illustration. À l'âge de trois ou quatre mois, les oursons sont prêts à quitter la tanière. Leur mère leur apprend à chasser et à nager. Les oursons restent avec leur mère jusqu'à l'âge de deux ans. Ils sont alors en mesure de se débrouiller seuls.

Danger !

La plupart des dangers qui guettent les mammifères marins sont dus à l'homme. Pendant des siècles, on les a chassés pour leur viande, leur huile, leur graisse, leur peau et leur fourrure. Aujourd'hui, ils souffrent aussi de la pollution, de la pêche à outrance et des collisions avec les bateaux. De nombreuses espèces sont en voie d'extinction, c'est-à-dire qu'elles sont menacées de disparaître. Les lamantins, les phoques moines, les otaries de Steller et de nombreuses espèces de cétacés à fanons sont en péril.

Le pétrole, les déchets de plastique et les poisons polluent les océans. Le pétrole tue les animaux et les plantes dont les mammifères marins se nourrissent. De plus, il colle à la fourrure, la rendant difficile à nettoyer. Lorsque leur fourrure en est engluée, les pinnipèdes et les loutres de mer meurent de froid. Certains animaux avalent du plastique. Cela les rend malades et les fait souvent mourir.

Les petites otaries se prennent dans les filets de pêche. À mesure qu'elles grandissent, les filets se resserrent autour de leur cou et meurtrissent leurs chairs.

Des collisions

Les cétacés et les lamantins dorment ou se reposent souvent tout près de la surface de l'eau. Ils dorment parfois si profondément qu'ils ne se rendent pas compte que des bateaux approchent ou ne se réveillent pas assez vite pour les éviter. Lorsqu'une embarcation heurte un animal, celui-ci meurt souvent des suites de fractures ou de blessures profondes.

La pêche

Les humains capturent et vendent beaucoup de poissons, de crustacés ou de mollusques d'une même espèce, alors que ceux-ci constituent la nourriture des mammifères marins. Dans certaines régions, une pêche trop intensive ne laisse presque plus rien à manger aux animaux marins, qui meurent affamés. Les dauphins, les cétacés et les pinnipèdes se prennent également dans les filets de pêche et se noient.

Aider les mammifères marins

Par le passé, les humains ont chassé et tué des milliers de mammifères marins. De nos jours, de nombreuses espèces sont protégées, mais certaines personnes continuent de les chasser illégalement. Les membres de la Commission baleinière internationale contribuent à la protection des cétacés dans leur habitat naturel. Pour en savoir davantage sur la façon d'aider les cétacés et les autres mammifères marins, tu peux entrer en contact avec des organismes comme la Fédération canadienne de la faune (www.cwf.fcf.org) ou le Fonds mondial pour la nature (www.wwf.org ou www.wwf.ca / fr /).

Le phoque moine est une espèce en voie d'extinction à Hawaï.

Certains mammifères marins, comme les lamantins, n'ont qu'un seul petit tous les deux ans, ce qui rend difficile l'augmentation de leur population.

Même si cela est illégal, certaines personnes tuent des morses pour leurs défenses d'ivoire.

Les mammifères marins et les gens

▲ Cette jeune loutre de mer apprend à se laisser porter sur la poitrine de sa « mère ».

Les dauphins aiment qu'on les ▼ touche.

De nombreuses espèces de mammifères marins vivent dans des aquariums marins et des océanoriums construits en général près d'un océan, d'une baie ou d'une rivière. Ils sont équipés de bassins extérieurs dotés de grandes vitres qui permettent aux visiteurs de voir les animaux marins sous la surface de l'eau. Les dauphins, les marsouins, les épaulards, les phoques, les otaries et les loutres de mer sont les mammifères marins que l'on rencontre le plus fréquemment dans les océanoriums.

L'étude des mammifères marins

Les aquariums marins permettent aux scientifiques d'étudier de près les mammifères marins. Les scientifiques fournissent aux visiteurs des informations sur toutes les formes de vie marine. Les océanoriums font prendre conscience au public qu'il faut respecter les animaux marins. Ils enseignent également comment on peut aider ces animaux à survivre à l'état sauvage.

Le sauvetage des animaux blessés

De nombreux aquariums recueillent des mammifères marins blessés. Les scientifiques d'un océanorium travaillent fort pour sauver un animal et lui rendre la santé. Une fois que celui-ci est guéri, il est relâché dans l'océan.

La plupart des gens n'approchent pas de si près un rorqual ▼
à bosse, mais ces scientifiques étudient les cétacés afin que le public en sache davantage sur ces mammifères marins.

Glossaire

accoupler, s' S'unir, en parlant d'un mâle et d'une femelle, pour faire des petits

aquatique Qui vit ou se trouve dans l'eau ou au bord de l'eau

chant de ravitaillement Appel d'une tonalité élevée et aiguë émis par les rorquals à bosse pour rassembler leurs proies

couche de duvet Poils qui isolent le corps d'un mammifère

couche protectrice de jars Long pelage qui protège la couche de duvet d'un animal et l'empêche de s'imbiber d'eau

crustacé Animal recouvert d'une enveloppe dure et dont le corps et les membres sont segmentés

énergie Force physique nécessaire au mouvement et à la respiration

évoluer Changer ou se développer lentement au cours du temps

glandes mammaires Organes d'une femelle de la classe des mammifères lui permettant de produire du lait pour son petit

isoler Couvrir d'une matière qui empêche la chaleur de pénétrer ou de quitter le corps

kératine Substance dure dont est constitué un fanon

krill Animaux minuscules constituant la nourriture des cétacés à fanons

migrer Parcourir une longue distance pour s'accoupler ou trouver de la nourriture

mollusque Animal à carapace dure et au corps mou

mustélidés Famille de mammifères comprenant les belettes et les loutres

poumons Organes permettant à certains animaux d'absorber l'oxygène de l'air

sac nasal Organe creux situé dans le museau du dauphin et servant à produire des sons

silice Minéral dur, inodore et incolore

Index